COMMENT LUTTER CONTRE
L'ABSENTÉISME AU TRAVAIL ?

— Construire une relation win-win
entre employeur et employé

par Célestin de Meeûs

50MINUTES

COMMENT LUTTER CONTRE L'ABSENTÉISME AU TRAVAIL ?

- **Problématique ?** La lutte contre l'absentéisme, qui s'invite de plus en plus souvent dans notre environnement professionnel.
- **Utilité ?** Assainir l'environnement de travail en comprenant ce qui provoque ce symptôme traduisant un mal-être des travailleurs.
- **Contexte professionnel ?** Les ressources humaines, la psychologie du travail, l'équilibre de vie et la satisfaction des travailleurs.
- **FAQ ?**
  - Que traduit l'absentéisme ?
  - Comment réagir face à un collègue qui s'absente ?
  - Comment aborder ce sujet avec ses collègues ?
  - Comment suis-je perçu(e) lorsque je m'absente du bureau ?
  - Est-ce que sévir est une bonne solution ?
  - Qu'en est-il au niveau législatif ?

Des générations entières se sont battues avant nous pour conquérir le droit à un environnement de travail digne et sain. Si la bataille semble aujourd'hui gagnée, certaines exigences sociétales nous aliènent pourtant de plus en plus. Construire une famille et en assurer son confort, éduquer ses enfants, pourvoir à ses besoins (tant récréatifs que financiers), rembourser ses emprunts à crédit, s'offrir des vacances, etc. : ces charges, ou impératifs, peuvent rapidement nous submerger. Généralement, ces différents ingrédients – auxquels s'ajoutent l'amour partagé ainsi que la cohérence entre ses idées et son mode de vie – nous sont présentés comme la recette menant à l'épanouissement. Mais ce bonheur a un prix : le travail.

Si notre société est basée sur une économie qui s'autorégule grâce à la loi de l'offre et de la demande, elle va devoir apprendre à écouter la population active, qui a jusqu'ici participé à cette bonne régulation et qui exprime davantage, par le nombre croissant de cas de dépressions, son insatisfaction face au système actuel.

Les constats sont alarmants : en Belgique, par exemple, le taux d'absentéisme au travail ne cesse d'augmenter, passant de 5,95 % en 2012 à 6,26 % en 2014. Mais, dans quel contexte professionnel cela a-t-il lieu ? Les ressources humaines proposent-elles des solutions adéquates ? Un travail psychologique aide-t-il les travailleurs ? Et dans quelle mesure prend-on en compte l'équilibre de vie et la satisfaction des travailleurs ?

Le phénomène de l'absentéisme reflète une disposition d'esprit qu'il est temps de changer, car une société plus juste et plus harmonieuse ne s'invente pas, mais se façonne ensemble. Tentons dès lors de comprendre les causes et les raisons qui poussent de nombreuses personnes à exprimer leurs ressentis par le biais de l'absentéisme, pour découvrir comment contrer efficacement cette tendance très actuelle.

B.A.-BA – COMPRENDRE L'ABSENTÉISME POUR MIEUX L'AFFRONTER

UN CONSTAT QUI FAIT PEUR

L'absentéisme touche tous les pays où règne une économie de marché. Ainsi, la situation de la Belgique ou de la France diffère sensiblement de celle de l'Angleterre ou des États-Unis, en raison des divergences de mentalités et de comportements. Cependant, un facteur en particulier exerce une certaine influence en matière d'absentéisme, et ce, dans tous ces pays : le stress.

Bien plus qu'une question de frontières, le taux d'absentéisme peut varier en fonction des secteurs (public et privé), des préoccupations, etc.

En Belgique

Depuis 2008, le taux d'absentéisme au travail ne cesse d'augmenter. Selon une étude de *Securex*, organisme belge spécialisé dans les ressources humaines, on parle même d'une constante croissance d'absentéisme de longue durée. En 2014, un peu plus de six travailleurs sur 100 sont absents tous les jours. Les raisons évoquées par ces derniers, qui ne se rendent pas sur leur lieu de travail, sont multiples, allant des arrêts maladie aux accidents de travail en passant par les congés sabbatiques et les retards quotidiens.

En France

En 2013, dans l'Hexagone, avec 23,6 jours d'absence en moyenne, le taux le plus élevé se trouve dans le Sud-Est, contre une moyenne de 14,3 jours dans le Sud-Ouest. Par ailleurs, les secteurs les plus touchés sont : les transports (avec 24,7 jours d'absence en moyenne par an et par personne), suivi du secteur de la santé (21,5 jours d'absence), du commerce (16,7 jours), des services (15,4 jours), de l'industrie (12,5 jours) et la construction (10,8 jours).

En Angleterre

Le taux d'absentéisme de nos voisins d'outre-Manche n'a, par contre, cessé de chuter depuis ces 20 dernières années. Alors qu'en 1993, chaque travailleur britannique était absent en moyenne 7,2 jours par an, en 2013, la moyenne se situe autour des 4,4 jours par an et par personne. La tranche d'âge dont le taux d'absentéisme est le plus élevé est celle des 50-64 ans.

Aux États-Unis

Cette tendance reste plus discrète qu'en Europe. En 2014, les hommes affichent un taux d'absentéisme moyen de 2,2 % par salarié, tandis que les femmes sont à 3,8 %. Dans les deux cas, les séniors (50 ans et plus) sont les plus absents.

CONSTATATION GÉNÉRALE

On observe que, dans tous les pays ici abordés, l'âge de la population active (qui vieillit toujours plus) a un impact indéniable sur le taux d'absentéisme.

La moyenne d'âge de la population active

Les enfants du *baby-boom* (nés au lendemain de la Seconde Guerre mondiale, c'est-à-dire entre 1947 et 1965) approchant aujourd'hui de la retraite, la moyenne d'âge de la population active a inévitablement reculé. Selon l'étude de *Securex* toujours, les personnes de 50 ans et plus représentent à ce jour 20 % de la population active en Belgique (soit 7 % de plus qu'en 2012). Or, l'âge, dont dépend souvent l'état de santé, influence la durée des congés : s'il est vrai que les travailleurs plus vieux sont moins souvent absents, ils le sont cependant plus longtemps pour des raisons de maladie.

Les employés de la génération du *baby-boom* comptabilisent en moyenne 7,6 fois plus de jours d'absence que leurs jeunes collègues. Ils représentent donc 15,9 % de l'absentéisme de longue durée et 2,7 % de l'absentéisme de durée moyenne. En d'autres mots, les moins de 50 ans sont absents plus régulièrement, mais pendant des périodes plus courtes.

La crise financière

Elle n'y est pas pour rien non plus, les employés se démotivent parfois à travailler pour une économie qui semble sombrer. Alors l'argent vient à manquer et il nous faut travailler plus pour toucher moins. Résultat : la pression et le stress augmentent.

Le concept de carrière-citron

Pressés comme des agrumes, nous sommes souvent habitués à donner le meilleur de nous-mêmes, et davantage, pour une meilleure rentabilité. Cette situation peut engendrer à la fois du stress et de l'angoisse, poussant ainsi de nombreuses personnes au burn out.

En Europe, c'est justement le stress qui serait responsable de 30 % de l'absentéisme au travail. En Angleterre par exemple, le coût total occasionné par le stress est estimé à 56 livres sterling (£) par jour et par travailleur (soit, environ 71 euros).

Selon des études américaines, c'est le harcèlement et l'intimidation qui est la première cause d'absentéisme outre-Atlantique. En deuxième lieu arrivent le burn out et le stress. Cela n'est donc pas surprenant de constater que les mesures préventives américaines semblent davantage axées sur le bien-être physique du travailleur. De fait, 800 000 Américains seraient devenus adeptes de la « cohérence cardiaque », une technique destinée à combattre le stress. Ainsi, le patient, relié à un ordinateur, tente de réduire son rythme cardiaque par des exercices respiratoires.

LES CAUSES ÉVOQUÉES PAR LES ABSENTS

Les arrêts maladies

En moyenne en Belgique, chaque travailleur aura été absent 14,05 jours en 2013. Bien sûr, personne n'est à l'abri d'un virus qui nous cloue au lit pendant quelques jours, mais, face à des arrêts maladie prolongés, l'employeur peut envisager de mettre en place un contrôle médical.

Celui-ci poursuit trois objectifs :

- contrôler si le travailleur est bien en incapacité de travail et vérifier si la durée de l'absence est bien justifiée (certificat médical à l'appui, remis dans un certain délai) ;
- conseiller le retour anticipé de manière à pousser l'employé à recouvrer un environnement de travail normal ;
- accompagner le travailleur dans sa réintégration et lui fournir un travail adapté.

L'avantage de cette technique est double : réduire les absences de longue durée en les écourtant et diminuer les frais de consultation en organisant des contrôles dans un centre spécialisé. Par conséquent, l'employeur bénéficie d'un suivi plus personnel des employés et ces derniers se savent écoutés.

Les accidents de travail

À ce sujet, on observe des différences notoires entre la France et la Belgique. Comment se fait-il que des secteurs si peu touchés en France soient les premiers touchés chez leurs voisins belges ? Et à l'inverse, comment expliquer que des secteurs d'activités tant touchés chez eux le soient moins en Belgique ?

Si les secteurs des transports et de la construction en Belgique, bien qu'en constante diminution depuis 1985 grâce au renforcement des règles de sécurité, sont les deux domaines dans lesquels le taux d'absentéisme est le plus élevé, on observe une autre tendance en France. En effet, des politiques – beaucoup plus marquées qu'en Belgique – de prévention des risques médicaux au travail dans les secteurs de l'industrie et de la construction ont été mises en place. Le commerce ou les transports français, par contre, plus préoccupés par la crise, semblent vouloir faire des économies en lésinant sur de telles mesures.

Les congés sabbatiques

Le principe des congés sabbatiques (ou « pauses-carrière ») est apparu dans le courant des années quatre-vingt-dix. Il permet à l'employé de prendre une pause durant sa vie professionnelle. Les raisons peuvent être diverses :

- reprise des études ;
- voyage ;

- réalisation d'un rêve d'enfance ;
- etc.

Pour celui qui décide de quitter, momentanément, son travail et donc de répondre aux critères d'octroi de ce type de congé, cette formule est très avantageuse, puisqu'il pourra, à son retour, récupérer sa place dans l'entreprise, telle qu'il l'a laissée. Le congé, dit « sabbatique », est au fil du temps devenu un accord tacite entre l'employeur et l'employé afin d'allier qualité de vie professionnelle et qualité de vie privée.

Néanmoins, ces « pauses-carrière » ne peuvent pas dépasser une certaine durée, qui varie en fonction des pays, bien que dans les faits, ce sont les séjours de 3 à 6 mois qui représentent le plus gros pourcentage. D'autres congés de ce type peuvent être octroyés : le congé parental ou le congé pour assistance médicale (dans le cas d'assistance à un membre de la famille). Ce dernier type de congé est la troisième cause d'absentéisme en Amérique.

Les retards quotidiens

Est considéré comme un retard quotidien, le temps passé dans les embouteillages ou dans les transports en commun qui fait perdre des minutes précieuses aux travailleurs et qui représente, à terme, un coût important à l'employeur.

LA PRÉVENTION, UNE SOLUTION ?

Ces causes peuvent toutefois être facilement évitées, grâce à un travail de prévention notamment. Longtemps, les entreprises ont usé de mesures restrictives pour faire face à l'absentéisme, mais celles-ci semblent inefficaces. D'un côté, le bâton n'est pas une solution, et de l'autre, l'appât (promotions, primes calculées sur l'effort, etc.) ne semble pas non plus fonctionner de façon optimale, de plus cela coûte cher. À ce jour, les entreprises privilégient donc un travail de prévention.

Par exemple, certaines structures, telles que la clinique du travail de Liège, testent des ateliers de rencontre. Ceux-ci ont pour objectif de confronter différents managers afin qu'ils partagent et tentent de trouver des solutions pour combattre ce phénomène en constante croissance.

De l'exercice réalisé à Liège, quelques pistes de réflexion ont émergé. Selon eux, il faudrait :

- assurer un contrôle médical suivi afin de diminuer les absences de plus de deux semaines ;
- effectuer un rapport détaillé sur l'absentéisme et cibler la personne, ou le groupe de personnes absentes, pour permettre d'endiguer plus facilement le problème ;
- analyser les causes et les comprendre, afin d'améliorer l'environnement de travail ;
- mettre en place des formations sur l'absentéisme permettant de :
- faciliter le retour après une longue absence ;
- prévenir l'absentéisme ;
- réduire les absences de courtes durées ;
- ouvrir le dialogue ;
- responsabiliser les dirigeants et les travailleurs.

Responsable de 37 % des jours d'absence en Belgique, le stress est le facteur le plus important du mal-être au travail. D'après le quotidien bruxellois *Métro* (24 septembre 2014), 97 % des cas de burn out en Belgique sont liés au travail et l'exigence croissante de productivité. Des signes avant-coureurs attestent d'une exposition au stress trop importante.

- Souffrez-vous de palpitations ou d'insomnies ?
- Connaissez-vous des troubles de la concentration ou des maux de tête ?
- Êtes-vous sujet à des colères soudaines et disproportionnées, ou au contraire, êtes-vous nonchalant ?

Si oui, vous êtes certainement soumis à une quantité de stress trop forte.

Le triangle de Karpman

Selon le principe du triangle de Karpman (Stephen B. Karpman, psychologue américain), tant que nous n'avons pas fait un réel travail sur nous-mêmes, nous jouons inconsciemment à des jeux dans nos attitudes relationnelles. Nous adoptons tantôt une position de victime écrasée par les plus forts, tantôt celle de persécuteur en écrasant les plus faibles. Contrairement à l'effet escompté, cette relation peut dès lors être qualifiée de « *loose-loose* ».

La position du sauveur mène, quant à elle, à deux scénarios possibles : soit nous devenons le persécuteur (pensons à l'appât pour contrer l'absentéisme ; dans ce cas, l'employeur rend l'employé tributaire de son pouvoir monétaire), soit nous gardons notre position de sauveur et agissons dans l'intérêt du collectif par des mesures de prévention, par exemple.

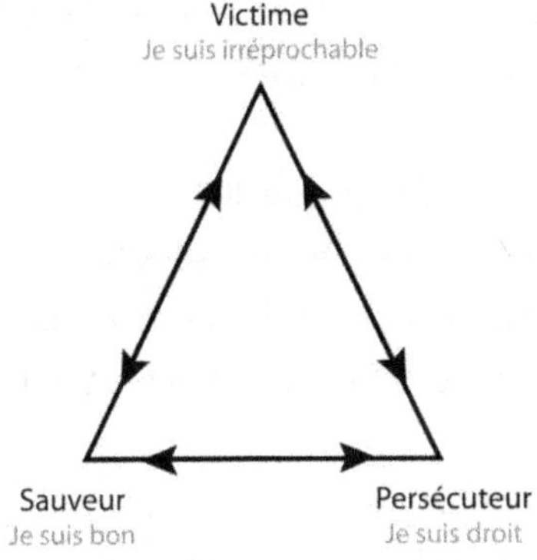

EXERCICE PRATIQUE

Si vous vous reconnaissez dans l'un de ces rôles, adoptez le bon comportement ! La prochaine fois, repérez le rôle que vous jouez et prenez de la distance. Placez-vous sur le côté de la « non-défensive » : agissez calmement et avec confiance.

- Soyez honnête avec les autres ainsi qu'avec vous-même.
- Respectez-vous et les autres vous respecteront.
- Négociez pour trouver la meilleure solution : usez de diplomatie.
- Faites preuve d'humour et apprenez à prendre les choses plus légèrement. Celui-ci est toujours un bon remède.

Dans le cas d'un état de stress plus ou moins constant, l'essentiel est d'oser en parler avec son entourage et de leur faire confiance ! Discutez-en avec vos collègues et vos supérieurs, avant que la situation vous submerge, car un travailleur plus confiant est un travailleur plus productif, plus flexible et plus innovant.

TOP CONSEILS

Pour déceler si votre environnement de travail est la cause de votre mal-être, commencez par vous poser quelques questions.

- Êtes-vous souvent tendu au travail ?
- Est-ce que le travail occupe vos pensées la nuit ?
- Avez-vous le temps de vous consacrer à vos passe-temps ?
- Comment viv(eri)ez-vous le fait d'être tout le temps joignable ?
- Vous écoute-t-on ?
- Avez-vous l'occasion de dire non ?
- Êtes-vous victime d'un harcèlement moral ?
- Pouvez-vous vous adresser à vos supérieurs en cas de problème ?
- Vous sentez-vous valorisé par vos collègues ?
- Êtes-vous autonome ?

Pour résoudre ces situations, plusieurs solutions existent.

- Si vous êtes employé, il est conseillé de :
  - prendre le temps de planifier vos tâches ;
  - apprendre à relativiser ;
  - écouter votre entourage privé et professionnel ;
  - en parler autour de vous ;
  - oser faire de vos rêves votre réalité !
- Si vous êtes employeur, il est conseillé de mettre tout en œuvre pour :
  - motiver les employés en leur expliquant le sens de leur travail ;
  - leur donner plus d'autonomie et de responsabilités ;
  - renforcer le sentiment de solidarité en augmentant les compétences ou en exploitant les talents de chacun ;
  - diminuer la charge de travail physique et émotionnelle ;
  - envisager plus de postes de travail à temps partiel.

Évitez de :

- vous renfermer sur vous-même et de refouler votre frustration ;
- penser que tout s'arrangera avec le temps ;
- vous laisser submerger par une charge de travail trop importante ;
- adopter la position de victime, de persécuteur ou de sauveur.

En tenant compte de ces conseils, vous remarquerez qu'une nouvelle relation s'installe, non pas celle de « gagnant-perdant », mais plutôt une relation honnête et digne de « *win-win* » entre l'employeur et l'employé. La clé du bien-être, finalement, réside dans le partage, tant de ses joies que de ses peines.

FAQ

QUE TRADUIT L'ABSENTÉISME ?

L'absentéisme traduit une tendance à s'absenter du lieu de travail. Cela peut être lié à un mal-être, pouvant être évité grâce à un travail de prévention, par une amélioration de l'environnement de travail et par un meilleur rapport entre collègues. Il est souvent le résultat d'un manque d'indépendance physique et/ou psychologique ressenti sur le lieu de travail. Plus profondément, il exprime un sentiment d'aliénation au travail que l'employé/l'employeur s'échine dès lors à combattre.

COMMENT RÉAGIR FACE À UN COLLÈGUE QUI S'ABSENTE ?

Si l'un de vos collègues commence à s'absenter, pensez à lui, pensez comme lui. Mettez-vous dans sa tête. Demandez-vous ce qui le pousse à renier son travail.

Pour parvenir à l'épauler, l'important est de :

- se connaître soi-même afin d'aborder les problèmes de manière efficace ;
- installer un dialogue avec l'autre ;
- l'inviter à réfléchir sur le fait que le travail ne doit en aucun cas devenir une source d'aliénation ou de frustration, au point de ne plus vouloir y mettre les pieds ;
- l'aider à comprendre que le travail se doit d'être avant tout un capital de bien-être ;
- créer un climat d'entraide bénéfique pour les deux parties en répartissant mieux les responsabilités en fonction des expertises de chacun.

COMMENT ABORDER CE SUJET
AVEC SES COLLÈGUES ?

Même si on ne cesse de vous répéter que le plus important est le dialogue et le partage, il n'est pourtant pas évident d'aller trouver un collègue pour lui parler de ses problèmes, d'autant plus que nous risquons de nous attirer sa pitié. Dès lors, comment passer ce cap pour régler efficacement le problème ?

L'équilibre n'est qu'une affaire de confiance. Si vous trouvez un collègue de confiance et à l'écoute, partagez vos ressentis – pourquoi pas en dehors du travail, pour être plus à l'aise – et exprimez-vous pour libérer vos frustrations et vous sentir plus léger, écouté et compris.

Par ailleurs, puisque le travail ouvre des portes au bien-être, il permet également de s'épanouir dans la vie privée. Il est dès lors indispensable qu'à l'inverse, la vie privée facilite en retour l'épanouissement au travail.

COMMENT SUIS-JE PERÇU(E)
LORSQUE JE M'ABSENTE DU BUREAU ?

L'image que je renvoie lorsque je m'absente du bureau me met-elle en valeur ou au contraire détériore-t-elle mes relations professionnelles ? Tout porte à croire que les collègues n'apprécient que moyennement d'avoir à assumer la charge de travail d'une personne qui s'absente longtemps, régulièrement et sans bonnes raisons apparentes (selon eux).

Aussi comment y remédier, alors que nos problèmes personnels ou professionnels se font de plus en plus présents dans notre quotidien et nous éloignent de notre lieu de travail ? Puisqu'il n'est pas toujours facile de faire face à ceux-ci, nous pouvons du moins essayer de faire disparaître la pression sociale en apprenant à nous détacher de l'image que l'on renvoie. Car le véritable problème n'est pas là : il se situe à notre niveau, à celui de notre mal-être dans cette situation. Souvenez-vous que s'il est important de relativiser, il est tout aussi important de se confier, de dialoguer, de se connaître et enfin de s'avouer avoir des difficultés pour pouvoir envisager une solution à notre problème.

EST-CE QUE SÉVIR EST UNE BONNE SOLUTION ?

Visiblement non. Au vu du chapitre sur la prévention, il paraît évident que ni le bâton ni la carotte ne peuvent efficacement enrayer le problème à long terme : le premier aliénant les personnes et le deuxième engendrant des coûts trop importants. C'est pourquoi d'autres solutions ont émergé, parmi lesquelles on retrouve notamment la prévention. Par ce biais, les travailleurs prennent conscience qu'ils ne sont pas juste un maillon dans une économie sans foi ni loi, mais bien un élément indispensable à son bon fonctionnement.

Pour mettre en place un système de prévention efficace et adapté à l'entreprise, les responsables des ressources humaines pourront :

- créer des comités de parole où le problème est abordé sans ambages de façon à faire émerger des solutions ;
- intégrer des procédures dans le règlement de travail, en fonction des règles juridiques qui protègent et/ou punissent des comportements comme l'absentéisme et en informer les travailleurs ;
- tenir un document récapitulatif du nombre de jours d'absence, des raisons et des contrôles pour analyser le problème correctement en vue d'y apporter des solutions.

QU'EN EST-IL AU NIVEAU LÉGISLATIF ?

Au lieu de garder les frustrations en vous, ce qui vous empêche de vous épanouir au niveau professionnel, prenez conscience de vos droits et essayez de ne pas répondre à un mal-être éprouvé au travail par des absences répétées ! Des lois protègent les travailleurs comme, par exemple, celle du 28 février 2014 (mise en application dès septembre 2014 en Belgique) relative au bien-être des travailleurs et aux risques psychosociaux, alors manifestez vos désaccords autrement.

En effet, si votre employeur prend connaissance de vos écarts (absences), et puisqu'il dispose également d'une série de droits, il n'hésitera pas à les exploiter pour tenter de régler le problème. Loin de clarifier une situation, ce recours à la législation creuse davantage le fossé entre vous et votre travail et installe un sentiment d'incompréhension, de frustration et de dévalorisation qui peut s'avérer destructeur pour les deux parties.

EXEMPLE DE LA BELGIQUE

La loi belge du 28 février 2014 complète celle du 4 août 1996 relative au bien-être des travailleurs lors de l'exécution de leur travail. Parmi les modifications, on retiendra ces quelques points :

- La notion de risques psychosociaux ne se focalise plus uniquement sur la prévention de la violence et du harcèlement moral ou sexuel au travail. Les risques psychosociaux au travail doivent être pris en compte dans la politique de prévention de l'entreprise comme tous les autres risques pouvant porter atteinte à la santé et à la sécurité des travailleurs.
- Un conseiller en prévention jouera le rôle d'informateur, de personne de confiance au sein d'une entreprise.
- Une formation de minimum cinq jours est imposée à la personne de confiance, en plus du suivi et de la supervision une fois par an. Les objectifs poursuivis sont : mettre l'employeur face aux réels problèmes que traduit l'absentéisme, aider l'employé à prévenir l'absence, etc.
- Les demandes individuelles qui présentent un cadre collectif seront traitées plus rapidement.

- Les comptes rendus relatifs aux contrôles et inspections du bien-être au travail devront être accessibles.
- Un travailleur victime d'un comportement violent, de harcèlement moral ou sexuel au travail pourra demander au tribunal du travail un dédommagement forfaitaire en réparation du dommage moral et matériel occasionné.

Dans un sens, comme dans l'autre, les employés et les employeurs ont acquis des droits, qui leur permettent d'exiger un respect mutuel. Les règles se durcissent et les consciences évoluent.

À VOUS DE JOUER !

RAPPELEZ-VOUS, EMPLOYÉS !

- Êtes-vous souvent tendu au travail ? Prenez du recul et n'hésitez pas à user de votre sens de l'humour.
- Le travail occupe-t-il vos pensées la nuit ? Essayez la « cohérence cardiaque » et relaxez-vous. Apprenez à faire la différence entre la vie professionnelle et la vie privée.
- Vous sentez-vous obligé d'être constamment joignable ? Osez dire non, et débranchez le téléphone quelques heures pour profiter de l'instant présent dans le calme et le silence.
- Avez-vous assez de temps pour vos passe-temps ? Si ce n'est pas le cas, parlez-en à vos supérieurs, organisez votre temps de travail, prenez du temps pour vous-même, pour vous faire plaisir.
- Vous écoute-t-on ? Puisque l'important c'est d'en parler, partagez vos frustrations avec votre entourage et avec vos collègues avant qu'elles ne vous étouffent.
- Avez-vous l'occasion de dire non ? Prenez le taureau par les cornes, faites valoir vos droits. Renseignez-vous dès lors sur les mesures législatives qui vous protègent.
- Vous sentez-vous valorisé ? Rappelez-vous le triangle de Karpman. Valorisez-vous vos collègues ? Tâchez de vous placer du côté « non défensif ». Sortez de ce cercle vicieux et prenez de la distance : ne prenez plus le rôle de l'agresseur, de la victime ou du sauveur. Faites-vous confiance et abordez le sujet via le dialogue. Apprenez à vous respecter et les autres vous respecteront. Usez de diplomatie.
- Êtes-vous suffisamment autonome ? Prenez des décisions par vous-même, allez trouver votre supérieur, présentez-lui des projets qui vous tiennent à cœur.

En bref, osez faire de vos rêves votre réalité.

À VOUS, EMPLOYEURS !

- Vous percevez que vos employés sont perdus ? Motivez-les
Expliquez-leur le sens de leur travail, et dans quelle mesure ils
sont une valeur ajoutée pour votre entreprise.
- Ont-ils besoin d'autonomie ? Donnez-la-leur, donnez-leur des
responsabilités et des explications. Rappelez-vous, un travailleur
plus heureux est un travailleur plus créatif et productif.
- L'absentéisme frappe-t-il votre entreprise ? Les mesures restrictives ne mènent à rien : ni la carotte, ni le bâton ne sont efficaces
à long terme. Privilégiez les mesures préventives et informez-vous
(formations). Cela étant, au-delà des obligations, vous disposez
vous aussi d'une série de droits à faire valoir en cas de besoin.
- Il est important de créer un sentiment de solidarité au sein de
l'entreprise. Cela augmentera les compétences de chacun. Faites
valoir les talents individuels.
- Les employés vous paraissent fatigués ? Dès lors, diminuer la
charge de travail physique est essentiel, car une charge physique
trop importante mène à une charge émotionnelle trop grande.
Un burn out est (trop) vite arrivé.
- Privilégiez le travail à temps partiel et donnez de l'air à votre
entreprise.

Parce que vous aussi, osez faire de votre rêve une source de bien-
être collectif.

POUR ALLER PLUS LOIN

SOURCES BIBLIOGRAPHIQUES

- BERGER (Solange), « S'offrir une année sabbatique », in *La Libre Belgique*, consulté le 15 décembre 2014.
  http://www.lalibre.be/economie/libre-entreprise/s-offrir-une-annee-sabbatique-51b88b31e4b0de6db9ac8e4a
- EUROGIP, « Points statistiques AT-MP Belgique. Données 2005-2012 », Paris, consulté le 15 décembre 2014.
  http://www.eurogip.fr/images/documents/3639/Eurogip_92F.pdf
- MENSURA BELGIQUE, « Des solutions aux problèmes d'absentéisme dans votre entreprise », consulté le 15 décembre 2014.
  http://www.mensura.be/assets/0/294/381/410/2984a3d8-165d-4c3f-8cdb-2d455e5b57be.pdf
- SERVICE PUBLIC FÉDÉRAL. EMPLOI, TRAVAIL ET CONCERTATION SOCIALE BELGIQUE, « Nouvelle législation relatives aux risques psychosociaux au travail à partir du 1er septembre 2014. », consulté le 15 décembre 2014.
  http://www.emploi.belgique.be/defaultNews.aspx?id=41483

SOURCES COMPLÉMENTAIRES

- Portail de *FranceTVinfo*.
  www.francetvinfo.fr
- Portail de *HRworld*.
  www.hrworld.be
- Portail de *La Libre Belgique*.
  www.lalibre.be
- Portail de *LeVif L'Express*.
  www.levif.be

- Portail de *Mensura*.
  http://www.mensura.be/homePage.aspx
- Portail de *sdworx*.
  www.sdworx.be
- Portail de *Securex*.
  www.securex.be
- Portail de l'*Office of National Statistic* (ONS).
  www.ons.gov.uk
- Portail de *Forbes*.
  www.forbes.com
- Portail d'*Eurostat*.
  http://ec.europa.eu/eurostat
- Portail du *Bureau of Labor Statistic of United States*.
  www.bls.gov
- Portail du *Figaro*.
  www.lefigaro.fr
- Portail de *Wolters Kluwer*.
  www.opleidingen.wolterskluwer.be

Éditeur responsable : Lemaitre Publishing
Rue Lemaitre 4 | BE-5000 Namur
info@lemaitre-editions.com

ISBN ebook : 978-2-8062-6228-8
ISBN papier : 978-2-8062-6247-9
Dépôt légal : D/2015/12603/54
Photo de couverture : © zhu difeng - Fotolia.com

Conception numérique : Primento,
le partenaire numérique des éditeurs